Biographie
de
M. Charles-Prosper
Ollivier-d'Angers

BIOGRAPHIE

DES

HOMMES DU JOUR,

PAR

G. Sarrut & B. Saint-Edme.

EXTRAIT DE LA 2ᵉ PARTIE DU TOME IV.

PARIS.

AU DÉPOT GÉNÉRAL, RUE DE L'OSEILLE, 7,

ET CHEZ H. KRABBE, ÉDITEUR,

QUAI SAINT-MICHEL, 15.

BIOGRAPHIE

DE

M. CHARLES-PROSPER

OLLIVIER D'ANGERS,

A PARIS,

CHEZ H. KRABBE, QUAI SAINT-MICHEL, 15.

1840.

PARIS. — IMPRIMERIE DE PIERRE BAUDOUIN,
Rue Mignon. 2.

BIOGRAPHIE

DE

M. CHARLES-PROSPER OLLIVIER-D'ANGERS.

M. OLLIVIER, *d'Angers* (*Charles-Prosper*), docteur en médecine de la Faculté de Paris, chirurgien honoraire du 4ᵉ dispensaire de la Société Philantropique, membre de l'Académie Royale de Médecine, de la Société Médicale d'émulation, etc., membre du Conseil de Salubrité du département de la Seine, chevalier de la Légion-d'Honneur, est né à Angers (Maine-et-Loire), le 11 octobre 1796. Après avoir fait ses études au Lycée impérial de sa ville natale, il entra à l'Ecole Militaire, d'où il sortit en 1815 avec le grade d'officier dans la jeune garde. Dirigé immédiatement sur Mayence, il rejoignit l'armée à Hanau où son corps, ainsi que celui de la vieille garde, contribuèrent si puissamment à protéger la retraite, après la dernière victoire que nos armes aient remportée au-delà du Rhin. Rentré en France, il était depuis trois mois incorporé dans le 70ᵉ régiment de ligne, et attaché au 7ᵉ bataillon de guerre qu'on venait de former à Brest et qu'on allait diriger sur Paris, quand la journée du 30 mars 1814 vint apprendre à la France, qu'une dynastie nouvelle, inconnue alors au plus grand nombre, venait s'asseoir sur le trône autour duquel tant de têtes couronnées s'étaient humiliées.

M. Ollivier donna immédiatement sa démission, et rentra dans sa famille. Pendant les derniers temps de son séjour au Lycée d'Angers, il s'était occupé de minéralogie avec une prédilection particulière; il se livra de nouveau à cette étude, et ses premiers loisirs furent consacrés à des excursions géologiques dans le département de Maine-et-Loire. C'est à cette époque qu'il découvrit, dans les houillières de Montrelais, un nouveau gisement de bitume élastique, et de nombreux dépôts de fer oxydulé titanifère dans le sable des bords de la Loire. Nous indiquerons ci-après, le

recueil scientifique dans lequel M. Ollivier a consigné ces observations intéres-
santes.

Ce goût pour les sciences naturelles dé-
cida de sa vocation. Au mois de novembre
1814, M. Ollivier entra comme élève à l'É-
cole secondaire de Médecine d'Angers. Il
commençait à peine l'étude d'une science
qui devait être le sujet des méditations de
toute sa vie, lorsqu'il abandonna cette
nouvelle carrière pour reprendre celle des
armes. Mais cette interruption fut de
courte durée. Nommé officier dans le bataillon des fédérés de Maine-et-Loire, en
1815, il déposa de nouveau l'épaulette et
l'épée aussitôt que les cent jours du règne
impérial furent passés, et il reprit le cours
de ses études médicales.

Son assiduité lui valut, dès le début,
quelques succès qui sont toujours pour un
élève, un encouragement profitable : il
remporta chaque année les prix décernés
par l'Ecole secondaire de médecine, et fut
nommé au concours, élève interne de
l'Hôtel-Dieu d'Angers. M. Ollivier avait
recueilli dans cet hôpital de nombreuses
observations, et commençait à être initié

à la pratique si difficile de l'art de guérir,
quand il arriva à Paris. Alors, un de ses
compatriotes, le savant Béclard, relevait
avec éclat, dans l'École de Paris, l'enseigne-
ment de l'anatomie. M. Ollivier trouva en
lui un guide et bientôt un ami. Le profes-
seur avait su distinguer l'élève laborieux,
et il ne tarda pas à s'établir entre eux une
intimité également honorable pour le maî-
tre et le disciple. Vers cette époque (1821),
les investigations de la science étaient par-
ticulièrement dirigées sur le système nerveux ; il était le sujet de travaux importans en Allemagne et en France. Au milieu
de ce concours de recherches, l'histoire
des maladies de la moëlle épinière chez
l'homme était à peine ébauchée : il en
existait bien quelques élémens épars dans
les Recueils d'observations ; mais il fallait
les coordonner, recueillir de nouveaux
faits, et combler de nombreuses lacunes.
Cette partie de la pathologie était tout
entière à faire. Béclard engagea M. Ollivier à étudier ce sujet neuf et important,
et à le prendre pour texte de sa thèse inau-
gurale. La tâche était difficile ; et elle ne
fut pas acceptée sans hésitation.

Pendant que M. Ollivier était occupé de ce travail, la Société royale de Médecine de Marseille le proposa pour sujet de prix (1822). Cette heureuse coïncidence redoubla le zèle de M. Ollivier, et, en même temps qu'il présentait dans sa thèse une partie de ses recherches et de ses observations (juin 1823), il adressait à Marseille l'ensemble de son travail. Son mémoire fut couronné par cette Société savante, qui lui conféra le titre de membre correspondant.

Ce fut sous ces auspices honorables que M. Ollivier se fixa à Paris, et y commença l'exercice de la médecine. Peu après sa réception de docteur, il avait été élu chirurgien du 4e dispensaire de la Société philantropique. Depuis lors, il a continué à s'occuper tout à la fois de littérature médicale et de médecine pratique. En 1827, la deuxième édition de son *Traité des Maladies de la moëlle épinière* fut au nombre des ouvrages auxquels l'Institut décerna l'un des prix Monthyon. Deux ans auparavant, M. Ollivier avait été élu membre-adjoint de l'Académie royale de médecine. A la mort de Béclard (mars 1825), les au-

teurs du *Dictionnaire de Médecine* s'ad-
joignirent MM. Andral et Ollivier. Il a écrit
dans cet ouvrage de nombreux articles
que nous indiquerons ci-après, et, dans la
nouvelle édition qui se compose déjà de
vingt volumes, M. Ollivier en a inséré de
nouveaux, et de non moins importans.

En 1828, il publia, avec MM. Dezeimeris et Raige-Delorme, le *Dictionnaire historique de la Médecine ancienne et moderne.*
Les deux premiers volumes étaient déjà
parus, et la moitié du troisième était com-
posée, lorsque des circonstances indépen-
dantes de leur volonté obligèrent MM. Ollivier et Raige-Delorme à cesser de prendre part à la composition de cet ouvrage.
En 1833 et 1836, M. Ollivier a publié deux
éditions du *Traité des Maladies des enfans
nouveaux-nés*, de Billard, dans lesquelles
il a ajouté des notes nombreuses, et une
notice sur la vie et les travaux de l'auteur.
En 1837, il a fait paraître une troisième
édition de son *Traité des Maladies de la
moëlle épinière*, qui contient beaucoup
d'additions et plusieurs chapitres nouveaux sur l'histoire, jusqu'alors peu connue, des congestions rachidiennes.

Enfin une branche importante de la médecine a été aussi l'objet des études particulières de M. Ollivier : nous voulons parler de la médecine légale. Appelé fréquemment à discuter devant les tribunaux ces questions graves et délicates, dont la solution intéresse si souvent l'honneur ou la vie d'un accusé, ce médecin a pensé que c'était surtout en rapportant des exemples qu'on enseignait le mieux la conduite qu'il importe de suivre dans des cas où les arrêts de la justice sont, en quelque sorte, dictés par la médecine. Riche de faits et d'une expérience déjà longue, M. Ollivier a publié, et continue d'insérer dans les *Archives générales de Médecine*, journal auquel il n'a cessé de prendre une part active depuis son origine, et dans les *Annales d'Hygiène publique et de Médecine légale*, recueil important à la collaboration duquel il fut appelé après la mort de Parent-Duchâtelet, une série de mémoires dont l'ensemble embrasse la plupart des points les plus difficiles de la médecine légale.

Nous n'entrerons point dans les détails d'une appréciation du mérite des divers travaux du docteur Ollivier ; mais nous ferons remarquer que leur nombre, et la variété des sujets qu'il a traités, dénotent dans l'auteur un homme laborieux et pourvu de connaissances étendues. En voici la liste que nous copions sur celle que M. Ollivier avait fait lui-même imprimer, en 1838, à l'occasion de sa candidature à la place de membre du Conseil de Salubrité, vacante par la mort de M. Huzard. Nous y avons ajouté l'indication de plusieurs mémoires que l'auteur a publiés depuis cette époque.

§ I. *Médecine, chirurgie et histoire littéraire de la médecine.*

1. Traité des maladies de la moëlle épinière chez l'homme. Paris, 1824, in-8° fig. — deuxième édition, 1827, in-8, 2 vol. ; — troisième édition, 1836 in-8°, 2 vol. avec fig.
2. Mémoire sur l'atrophie de la vésicule biliaire. *Archiv. gén. de Méd.* T. V, page 196.
3. Mémoire sur l'opération de la paracentèse dans l'hydropisie ascite compliquant la grossesse. *Ibid.* T. VI, page 178.
4. Note sur une variété de forme du péritoine. *Ibid.* T. VII, page 364.
5. Mémoire sur un cas d'utérus double. *Ibid.* T. VIII, page 215 et 420.
6. Observations sur une hydropisie de l'épiploon

gastro-colique chez le fœtus. *Ibid*. T. VIII, page
383.

7. Observation sur un développement d'ecchymoses
spontanées avec œdème aigu sous-cutané et gas-
tro-entérite. T. XV, page 206.

8. Mémoire sur la taille bilatérale, dans le traité de
la taille de Scarpa, trad. de l'italien. Paris, 1825.

9. Mémoire sur la monstruosité par inclusion. *Ibid*.
T. XV, page 355 et 539.

10. Expériences sur les effets comparatifs de la résine
de scammonée préparée suivant le Codex, et celle
qui est décolorée par le charbon animal. *Ibid*. T.
XVI, page 141.

11. Observation de spina-ventosa avec tumeur encé-
phaloïde énorme du cubitus et de l'avant-bras.
Ibid. T. XVI, page 543.

12. Nouvelles remarques sur la monstruosité par inclusion. *Ibid*. T. XVII, page 387.

13. Note sur une espèce rare de dyhsphagie. *Ibid*.
T. XIX, page 232.

14. Sur une aphonie intermittente. *Ibid*. T. XX.

15. Sur une altération remarquable des deux arti-
culations scapulo-humérales chez le même sujet.
Ibid. T. XXI, page 592.

16. Mémoire sur la luxation spontanée de l'occipi-
tal sur la première vertèbre, et de cette première
vertèbre sur la seconde. *Ibid*. T. XXIV, page 520.

17. Note sur quelques faits relatifs à la pathologie
du fœtus. *Ibid*. T. V, ann. 1834.

18. Mémoire sur un cas de grossesse tubaire avec
quelques observations sur une cause particulière
d'hémorrhagie interne chez la femme. *Ibid*. T. V,
ann. 1834.

19. Notices historiques sur Scarpa et Paletta. *Ibid*.
T. I, page 443, ann. 1833.

20. Dictionnaire historique de la médecine ancienne
et moderne. En commun avec MM. Dezeimeris et
Raige-Delorme pour les deux premiers volumes,
et la moitié du troisième;

21. Notice historique sur la vie et les travaux de Bé-

clard. Dans la seconde édition de *l'Anatomie géné-rale* de cet auteur.

22. Notice historique sur la vie et les travaux de Billard, avec des additions nombreuses à la troisième édition de son *Traité des maladies des enfans*.

23. Mémoire sur les effets de l'air atmosphérique dans l'organisme. *Dic. de Méd.*, art. *Air*.

24. Mémoire sur l'histoire anatomique et pathologique des bourses muqueuses chez l'homme. *Ibid.*

25. Mémoire sur quelques points de la pathologie du cœur (plaies, anévrysme partiel, et rupture de cet organe). *Ibid.*

26. Mémoire sur les diplogénèses. *Ibid.*

27. Mémoire sur les fractures et les luxations de l'os hyoïde. *Ibid.*

28. Mémoire sur l'hydrorachis. *Ibid.*

29. Note sur les corps étrangers du larynx. *Ibid.*

30. Considérations générales sur la monstruosité.

30 *bis.* Considérations anatomiques sur le système muqueux. *id.* sur le système musculaire.

31. Mémoire sur les affections locales des nerfs.

32. Histoire de l'œuf humain. Art. *OEuf*.

33. Sur la pourriture d'hôpital.

34. Sur les préparations anatomiques.

35. Sur l'onyxis.

36. Sur les nerfs, le système nerveux, les névralgies.

37. Sur la peau, la pie-mère, les poils, la prostate, les rétrécissemens de l'urètre.

38. Sur la symétrie des organes, le grand sympathique, sur la tête considérée dans le squelette, le thorax, le thymus, le corps thyroïde, sur l'utérus (anat.), sur le système veineux, sur les vertèbres.

39. Rapport sur un cas de développement de dents et de poils dans le testicule d'un enfant. *Mém. de l'Acad. roy. de Méd.* T. III, page 480.

40. Supplément au Traité des hernies de Scarpa. Traduit de l'italien. Paris, 1823, in 8° avec atlas.

41. Traité de l'opération de la taille, de Scarpa. Traduit de l'italien. Paris, 1825, in-8°, fig., avec un Mémoire du traducteur sur la taille bilatérale.

42. Additions au Traité de l'anévrysme de Scarpa.
Traduit de l'italien. Paris, 1822, broch. in 8°;
43. Memoires — sur la hernie du périnée; —sur le
squirrhe et le cancer; — sur la taille transversale
ou bilatérale;—sur la ligature des principales ar-
tères des membres; — sur quelques cas rares de
chirurgie; — sur l'état des vaisseaux du membre
inférieur après la ligature de la poplitée; — sur
l'insuffisance apparente de la ligature temporaire
dans l'anévrysme; — sur l'anévrysme par anasto-
mose. Tous ces mémoires de Scarpa ont été tra-
duits de l'italien , par M. Ollivier, et insérés dans
les *Archives générales de Médecine.*

§ II. *Toxicologie et médecine légale.*

44. Mémoire sur les propriétés chimiques et véné-
neuses du Tanguin de Madagascar. *Arch. gén. de
Méd.*, T. IV, p. 351.
45. Mémoire sur un cas remarquable de suicide par
suspension, dans lequel la mort n'a pas été le ré-
sultat de la strangulation. *Ibid.*, T. VI, p. 532.
46. Rapport sur un cas d'empoisonnement par la
noix vomique (avec MM. Orfila et Barruel). *Ibid.*
T. VIII, p. 17.
47. Mémoire sur l'empoisonnement par le cyanure
de mercure. *Ibid.*, T. IX, p. 99.
48. Observations sur l'empoisonnement par le lau-
danum (avec M. Marye). *Ibid.*, T. VII, p. 549.
49. Expériences sur les effets du suc de Mancenil-
lier. T. X, p. 358.
50. Observations et expériences pour servir à l'histoire médico-légale de l'empoisonnement par l'a-
cide nitrique (avec M. Chevallier). *Ibid.*, T. XXI,
p. 364.
51. Mémoire sur les effets délétères de certaines
viandes altérées. *Ibid.*, T. XXII, p. 191.
52. Considérations médico-légales sur certaines pro-

ductions résultant de la décomposition des cadavres, et qui peuvent, dans quelques cas, aider à découvrir la cause de la mort. *Ibid.*, T. XXVII, p. 467.

53. Consultation médico-légale sur un cas de mort violente. *Ibid.*, T. XXX, p. 167.

54. Note sur un moyen très simple de distinguer des taches de sang, dans certaines expertises judiciaires. *Archiv. gén. de Méd.*, deuxième série, 1833. T. I, p. 431.

55. Consultation médico-légale sur un cas de suspicion d'infanticide (avec MM. Orfila et Boys de Loury). *Arch. de Méd.*, T. VI, 2ᵉ série, ann. 1834, p. 499.

56. Observations médico-légales sur deux cas de mort subite par une lésion spontanée des poumons. *Ibid.*, T. I, 2ᵉ série, p. 228, ann. 1833.

57. Observations sur quelques cas remarquables de suicide. *Ibid.*, T. II, 2ᵉ série, p. 429.

58. Observations et recherches médico-légales relatives à un empoisonnement par le sublimé corrosif (avec M. Barruel). *Arch. gén. de Méd.*, T. VI, 1ʳᵉ série, p. 175.

59. Sur les exhumations juridiques. *Dic. de Méd.*, art. *Exhumation.*

60. Considérations médico-légales sur les morts subites, et observations sur une de leurs causes jusqu'à présent peu connue. *Arch. de Méd.*, T. I, 3ᵉ série, janvier 1838.

61. Mémoire médico légal sur l'infanticide, examen de cette question : *Pendant combien de temps un enfant doit-il être considéré comme* NOUVEAU-NÉ? Inséré dans les *Annales d'hygiène et de méd. légale.*, T. XVI, 1836.

62. Relation médicale des événemens survenus au Champ-de-Mars, le 14 juin 1837. *Ibid.*, T. XVIII. 1837.

63. Mémoire sur un empoisonnement par l'arsenic, exhumation du cadavre après trois années, et découverte du poison. *Ibid.*, T. XVIII. 1837.

64. Rapport médico-légal sur un cas de monomanie (avec M. Bayard). *Ibid.*, T. XIX. 1838.
65. Observations et expériences sur plusieurs points de l'histoire medico-légale de l'asphyxie par le charbon. *Ibid.*, T. XX. 1838.
66. Mémoire et consultation médico-légale sur l'empoisonnement par les viandes altérées. *Ibid.*, T. XX. 1838.
67. Mémoire et consultation médico-légale sur les effets qui peuvent résulter de l'introduction des épingles dans les voies digestives. *Ibid.*, T. XXI. 1839.
68 Mémoire et consultation médico-légale sur l'avortement provoqué. *Ibid.*, T. XXII. 1839.
69. Mémoire et observations médico-légale sur les plaies par arme à feu. *Ibid.*, T. XXII. 1839.
70. Consultations médico-légales sur plusieurs Cas d'accouchement laborieux, dans lesquels on a invoqué la responsabilité médicale. T. XXIII. 1840.
71. Nouvelle application de l'emploi du microscope dans les expertises médico-légales. *Arch. gén. de Méd.*, n° de décembre 1838.
72. Observations sur quelques uns des phénomènes cadavériques qu'on peut confondre avec des lésions accidentelles antérieures à la mort. *Ibid.*, n° de février 1839.

§ III. *Histoire naturelle.*

73. Note sur un nouveau gisement du bitume élastique (caout chouc fossile). Dans les *Ann. des Sciences naturelles*, 1822.
74. Note sur le fer oxydulé titanifère qu'on trouve mêlé au sable des bords de la Loire. *Ibid.* 1823.

FIN.

9 782013 047043